# 5

# 雪害

廣済堂あかつき

# 目次

➡8ページ

➡12ページ

➡16ページ

➡20ページ

➡24ページ

# この本の使い方

## 1 雪害について学ぶ

➡4〜7ページ

- 過去にどこで、どんな雪害が起こっているかわかる。
- 大雪が起こるしくみがわかる。
- 大雪がどんな災害を引き起こすかわかる。

## 2 災害から人々を守る活動を知る

➡8〜27ページ

- 災害が発生したとき、市区町村を中心に、どのようにさまざまな機関が協力するのかわかる。
- 市区町村、自治会・町内会、企業、ボランティアが行っている災害から人々を守る活動がわかる。
- 小学生が防災活動に取り組むようすがわかる。

## 3 防災活動をやってみる

➡28〜33ページ、ワークシート

- 「ふだんからできる雪害への備え」と「大雪が降ったときにできること・行うこと」がわかる。
- 自助、共助、公助のちがいがわかる。
- 「防災活動ワークシート」の使い方がわかる。
- 気象や災害の情報を調べる方法がわかる。

➡ワークシート

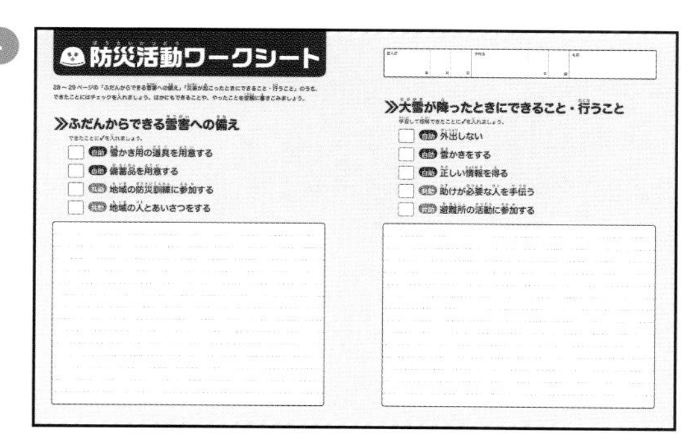


➡4〜5ページ

➡6〜7ページ

➡8〜9ページ

➡24〜25ページ

➡32〜33ページ

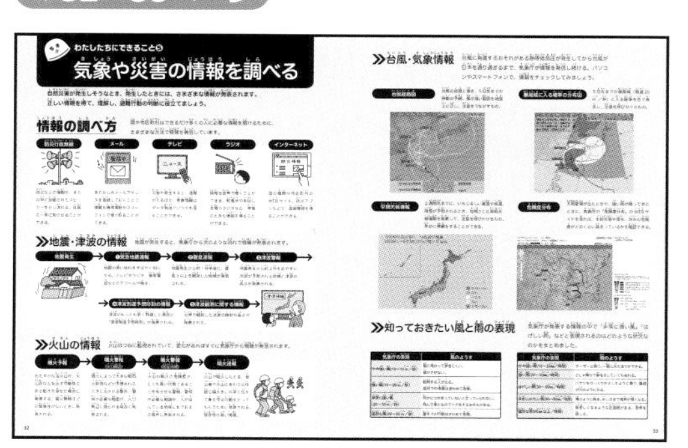

# 雪害の歴史

「雪害」とは、大雪によっておこる災害のことで、家から出られなくなったり、道路や鉄道が使えなくなったりするほか、雪崩や雪による交通事故なども発生します。日本のおよそ半分の地域が、国から豪雪地帯と指定されています。

© 朝日新聞社

## 昭和38年1月豪雪　1962年12月～1963年2月

●死者228人　●行方不明者3人　●負傷者356人
●こわれた住宅1735棟　●浸水6978棟
●おもな積雪　富山県高岡市225cm　新潟県長岡市318cm

北陸地方を中心に東北地方から九州地方にかけて、1か月以上雪が降り続けました。除雪が追いつかず、孤立する集落が出て、溶けた雪による洪水も発生しました。写真は、裏山からの雪崩を恐れていた石川県七尾市多根の集落。

© 朝日新聞社

## 平成18年豪雪　2005年12月～2006年3月

●死者152人　●負傷者2145人
●こわれた住宅4713棟　●浸水13棟
●おもな積雪　新潟県津南町416cm

12月の平均気温が1945年以降で最も低く、各地で積雪の最大記録を更新しました。除雪中の事故や、たおれた家の下じきになるなどで多くの人が亡くなっています。写真は、新潟県津南町で、雪で寸断された国道405号沿いの集落。

## 平成26年雪害　2014年2月14～19日

●死者26人　●負傷者701人
●こわれた住宅647棟　●浸水32棟
●おもな積雪　山梨県富士河口湖町143cm　長野県上田市152cm

西日本から北日本にかけての太平洋側を中心に広い範囲で雪が降り、関東甲信や東北地方で記録的な大雪となりました。道路、鉄道、航空の交通障害が発生しました。写真は山梨県大月市で、雪にうもれて動けなくなった車。

# 日本で毎年起こる雪害

雪害は毎年、多くの犠牲者を出し、その影響が長期にわたるなど、人々の生活をおびやかします。例年雪の多い日本海側の地域だけでなく、豪雪地帯に指定されていない太平洋側の地域も大雪が降ると、雪害につながりやすく、注意が必要です。

## 豪雪地帯

雪がたくさん降るため、住民の生活や、企業の活動がさまたげられると判断された場合、国から「豪雪地帯」と指定される。その中でもとくに雪が多く降り、雪で道路が通行できなくなるなどの問題が出る地域は「特別豪雪地帯」と指定されている。

## 雪害による死者・行方不明者数

下は、1993年（平成5年）以降の雪害による、死者・行方不明者の数をグラフにしたもの。市区町村や国の対策は進んでいるが、毎年必ず被害にあう人がいることがわかる。

## 豪雪地帯・特別豪雪地帯

下の地図は、法律にもとづいて指定された全国の豪雪地帯・特別豪雪地帯を示している。日本は国土の半分が豪雪地帯。日本海側には、特別豪雪地帯も集中している。

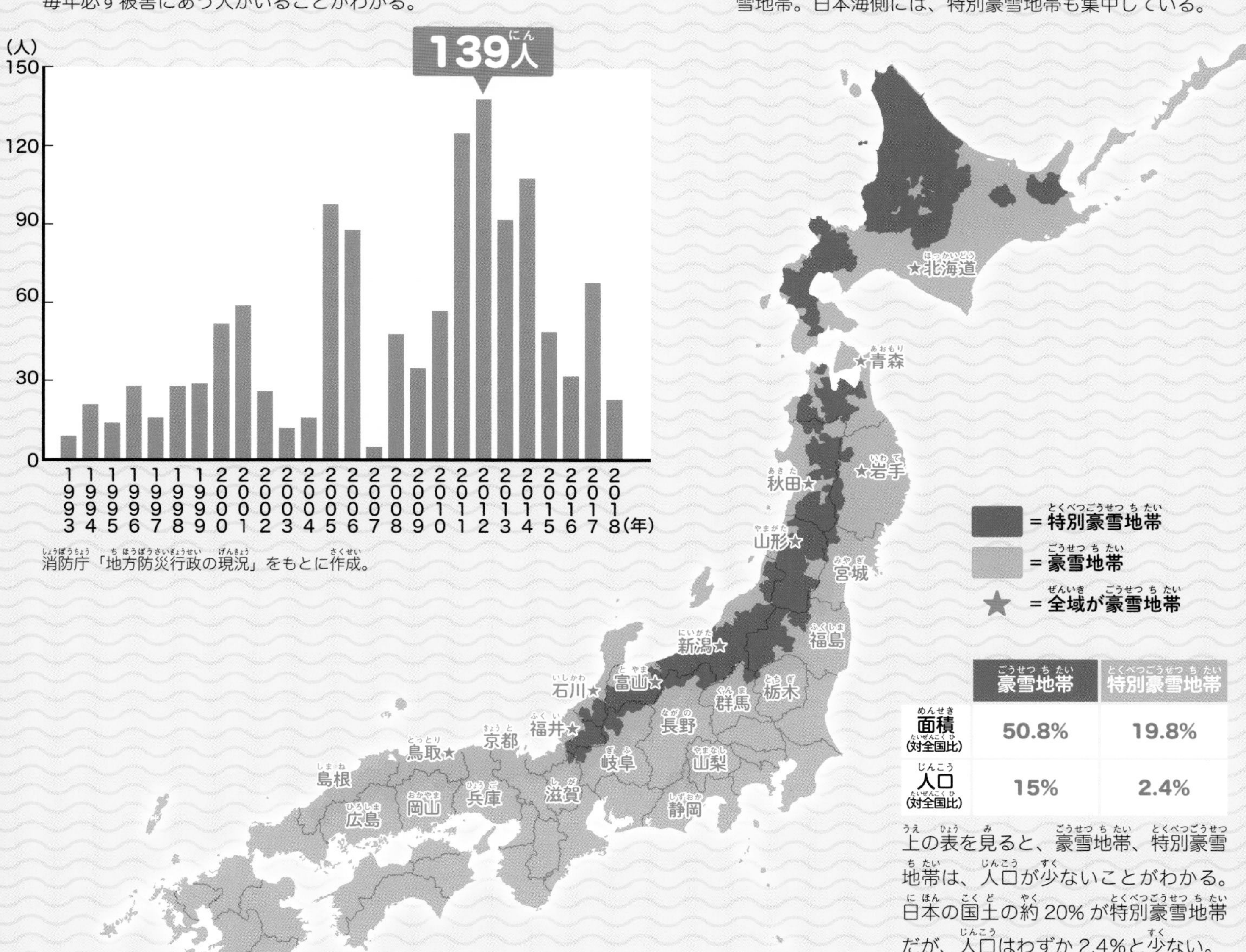


消防庁「地方防災行政の現況」をもとに作成。

| | 豪雪地帯 | 特別豪雪地帯 |
|---|---|---|
| 面積（対全国比） | 50.8% | 19.8% |
| 人口（対全国比） | 15% | 2.4% |

上の表を見ると、豪雪地帯、特別豪雪地帯は、人口が少ないことがわかる。日本の国土の約20%が特別豪雪地帯だが、人口はわずか2.4%と少ない。

法律にもとづいて指定された全国の豪雪地帯・特別豪雪地帯。（2019年4月1日現在）

雪害

# 大雪による災害

雪害の原因となる大雪は、どのようにして起こるのでしょうか。また、どうして日本では、大雪が降るのでしょうか？　その理由には日本の位置や地形、季節風などが関係しています。そして、大雪が私たちの暮らしにどんな影響をおよぼすのか、どんな災害を引き起こすのか見ていきましょう。

## 大雪が降るしくみ

雪が降るしくみは、雨と同じです。しかし、気温が下がると雨が雪になります。雪雲は、大陸からふいてくる北西の季節風が原因で発生します。気温が低いときに、雪雲が大きく発達すると、大雪となります。

### 大雪が降るしくみ

たくさんの水をふくむ温かい空気が上昇気流となって空で集まり、積乱雲という雲がつくられる。雲の中では上空の冷たい空気に冷やされて氷のつぶがたくさんできる。

氷のつぶは上昇気流があるのでなかなか落ちない。しかし、つぶ同士がぶつかって合体しながら大きくなり、重くなると下に落ちてくる。落ちるときに氷がとければ雨となり、気温が低くてとけなければ雪になる。

強い上昇気流で積乱雲が大きく発達すると、雲にたまった氷のつぶが一気に落ちて大雪となる。積乱雲が次々とつくられ、大雪となることもある。

### 日本の地形と大雪の関係

冬になるとシベリアから冷たい北西の風がふいてくる。これを「季節風」という。また、日本海には、海水温の高い暖流の対馬海流が、北に向かって流れている。

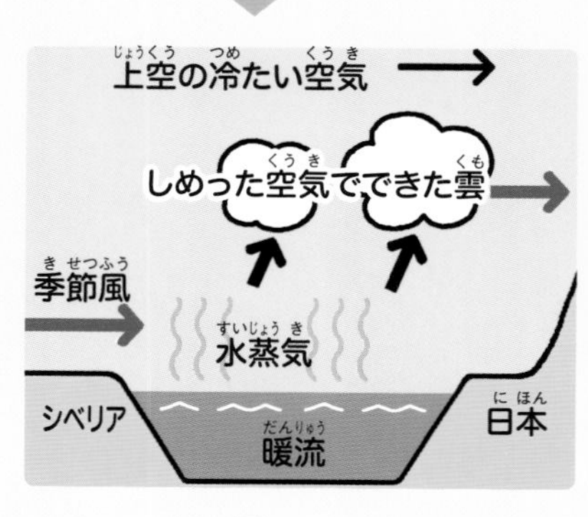


暖流は、水温が高いので、湯気が出るようにたくさんの水蒸気が上昇する。季節風が、この水蒸気を日本列島に運ぶときに雲をつくっていく。

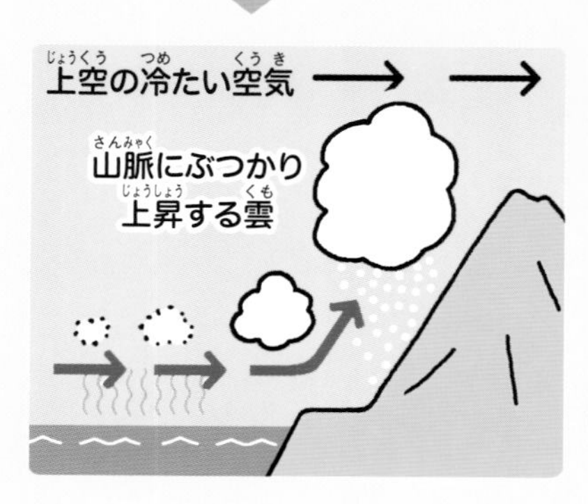


水蒸気をたくさんふくんだ雲が日本列島の中央にある山脈にぶつかり、上昇する。上昇しながら大きな積乱雲となり、たくさんの雪を降らせる。

※大雪の発生のしかたには、いろいろなケースがあります。

# 大雪がもたらす被害

大雪が降ると、道路がうもれてしまったり、家から出られなくなったり、家がおしつぶされたりします。災害に備えることで人的被害を小さくできることがあります。

## 大雪が降る（一次災害）

### 雪の重みで建物などがこわれる

降り積もった雪の重みで、家の屋根や車庫、ビニールハウスなどがつぶされたり、木が折れたりする。

### 車、電車などが動けなくなる

積雪で車や電車が進めなくなる。エンジンのかかった車が雪にうまると、排気ガスが車内に逆流し、危険。

### 吹雪で動けなくなる

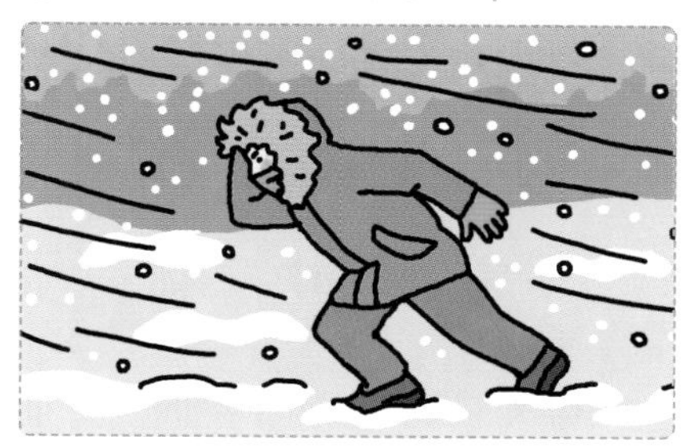

雪と強風が重なって、吹雪になると、まわりの景色が見えづらくなり、身動きがとれなくなる。

### 農作物の被害

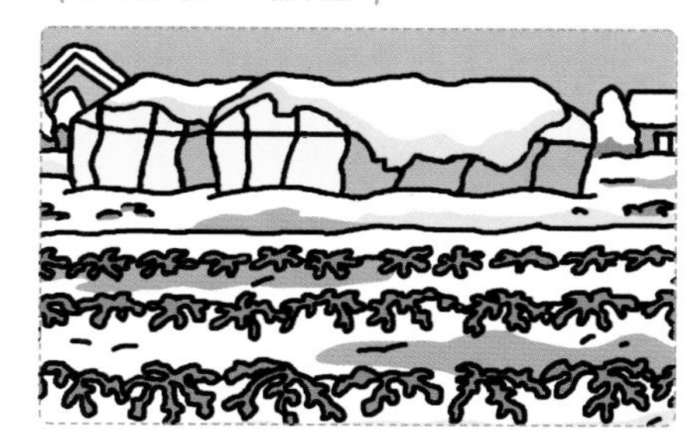

雪がおおいかぶさることで農作物が枯れる、雪の重みでつぶれるなどの被害が起こる。雪崩によって、作物や土が流されてしまうこともある。

## 一次災害をきっかけに起こる二次災害

### 雪崩

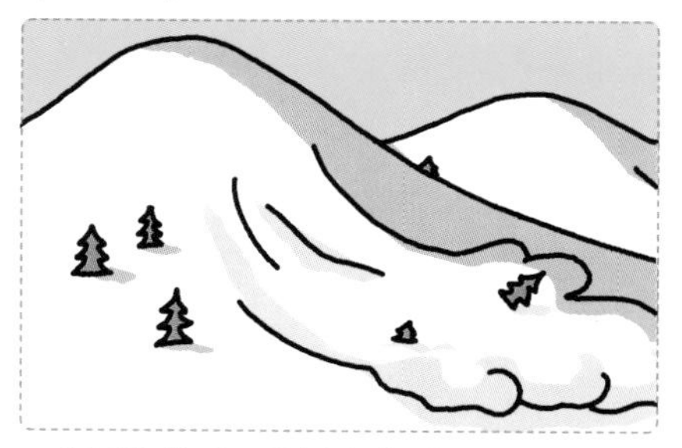

斜面に積もった雪が一気にすべり落ちる。集落や道路、スキー場などで発生すると、人や家を巻きこむ災害となる。

### 交通事故・転倒事故

雪による視界不良での事故、凍った道路を車が走行してすべる、人が転倒するといった事故が起こる。

### 除雪中の事故

屋根の雪おろし中に転落、屋根からの落雪でうまる、水路への転落、除雪機に巻きこまれるなどの事故がある。

### 電気・ガス・水道が使えなくなる

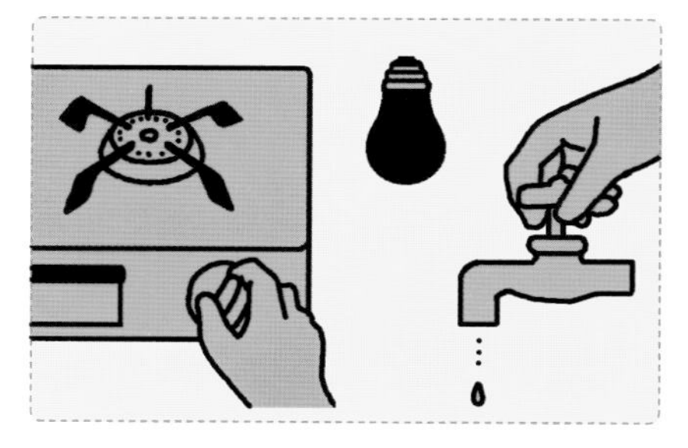

電気やガスの設備がこわれて、供給がとだえる、水道管がこおる、水が使えなくなることがある。

# 大月市役所

山梨県の東部にある大月市はＪＲ中央本線、中央自動車道などが市内を横断するように走り、首都圏とつながる交通の要所です。大雪が降ったとき、市役所ではどのように対応するのでしょうか。

雪が積もって孤立してしまった民家の人が県道まで出られるようにするため、雪かきをする大月市役所の職員。大月市七保町浅川地区の市道で。

## 道路も鉄道も止まる大雪への対応

2014年（平成26年）2月、過去にないほどの大雪が大月市に降りました。国道では車が雪にうもれて立ち往生し、電車が運休となった駅には乗客が取り残されました。住宅地では、積もった雪で家から出られない、ベランダやガレージの屋根がこわれるなどの被害が出ました。市役所は災害対策本部を設置し、防災担当の職員が泊まりこみで活動しました。しかし、あまりの雪に例年どおりのやりかたでは、対応が追いつきませんでした。

**キーワード**

**平成26年雪害**

2014年（平成26年）2月14～19日の大雪。「発達した低気圧による大雪・暴風雪」（気象庁）と名づけられた。全国的に雪が降り、甲信地方では記録的な大雪となった。死者26人のほか、広い範囲で住宅がこわれ、停電や交通機関の障害も発生した。大月市では例年20㎝ほどの積雪量のところ、7、8日に62cm、14、15日に1ｍ以上となった。

## 市役所と協力するさまざまな関係機関

市役所は雪の予報が出たときから対策を始めます。道路や鉄道の状況などに注意し、必要に応じて関係機関に動いてもらうように手配します。住民は不要な外出をひかえ、こまめに雪かきをして自分たちの身を守ります。

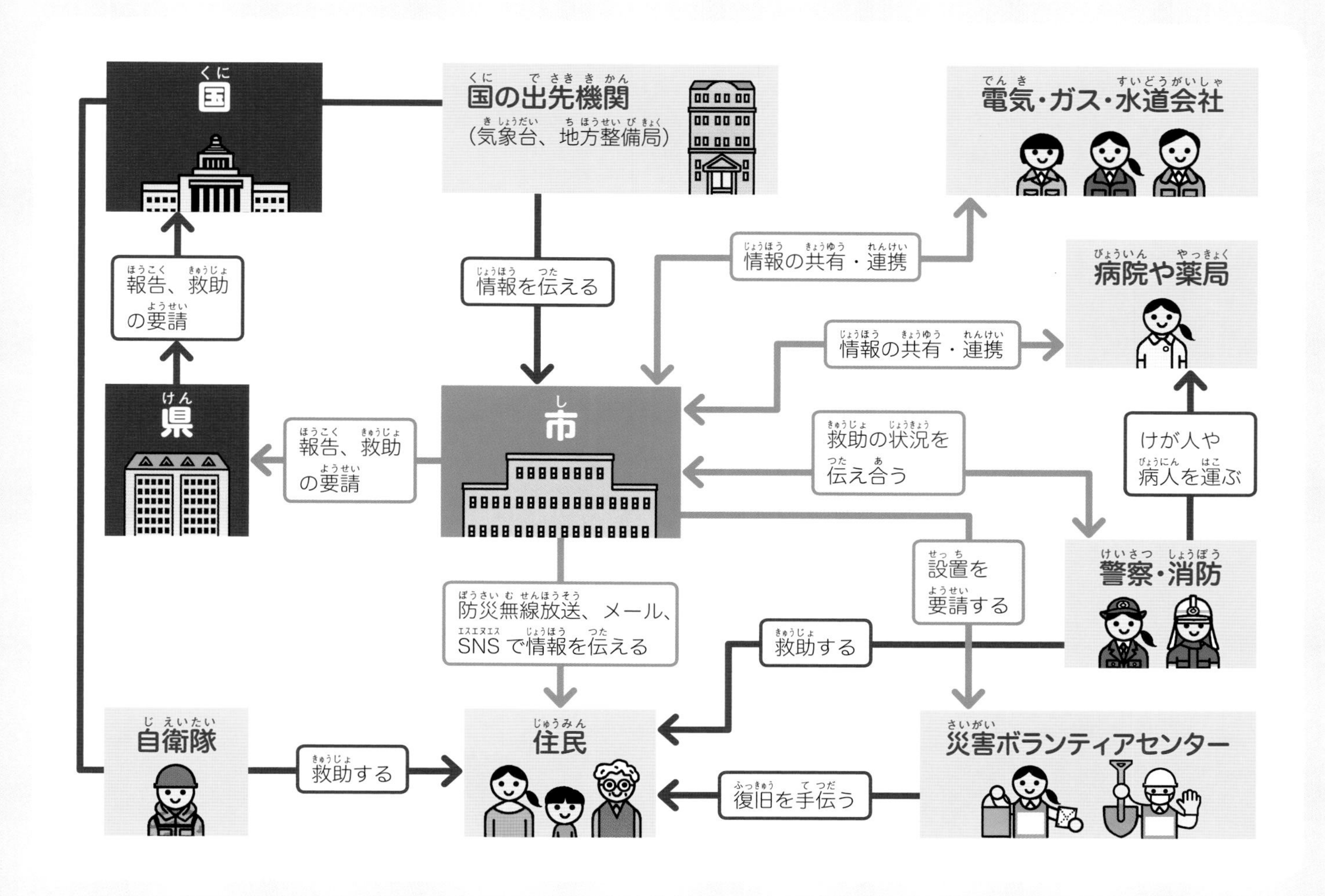


## 豪雪時の市役所の人々の活動

大人の胸の高さほど積もった雪の中をかき分けて市役所に出勤した職員は、まず市役所周辺の雪かきを始めました。防災担当者は、国土交通省や山梨県、鉄道会社と交通情報をやりとりして防災無線やメールで伝え、耳が不自由な人にはファックスを送信。困りごとなどへの相談にも電話で対応しました。道路の担当者は、まず救急車が通れるよう道を広げました。福祉担当者は、高齢者の安否確認や病院へ治療に通う患者の確認を行いました。

雪で道路が埋まり、動けなくなった車。市役所職員の対応だけでなく、トラックの運転手が、積んでいた食料を、車に取り残された人たちに配るなど、おたがいに助け合った。

## 住民の協力で開設、運営した避難所

市は立ち往生した車に乗っていた人や停車した電車の乗客のために避難所を開設することを防災無線で放送しました。すると、住民から「手伝わせてほしい」という連絡が入ったのです。公民館など規模の小さな避難所は地域の自治会が運営することになりました。住民は自宅から食料を持ち寄り、炊き出しをするなど、自発的に活動しました。雪のために市役所に出勤できなかった職員も近くの避難所にかけつけて活動し、全部で 17 か所の避難所を開設しました。

避難所の受付をする市役所の職員。

避難したのは道路や駅に取り残された市外の人だった。後日、たくさんのお礼の言葉が寄せられた。

自衛隊や新潟県が派遣してくれた大型除雪車が活躍し、除雪作業が進んだ。

立ち往生していた車や鉄道が動くと、家から出られずにいた住民から電話が入り始めた。市役所の若い職員が除雪隊をつくり、孤立した民家の除雪にかけつけた。

## 雪対策を大きく変えた豪雪の経験

豪雪の経験で、市役所の雪対策が変わりました。車が渋滞しないよう、大きな道路から優先順位をつけて除雪を進めることにしました。雪の季節が近づくと、すぐに出動できるよう、道路わきに除雪車を待機させます。

除雪が行き届かない住宅地では、小型除雪機を自治会に備えて、住民自ら、除雪してもらうことにしました。市の防災担当者は大雪予報が出ると交替で泊まりこみます。雪かき用のスコップを用意し、職員は目印になるようにベストを着用することにしました。

小型除雪機は大人ひとりで操作できる。

災害の対応をしている市役所の職員だとひと目でわかるヘルメットとベスト。

## 雪害に備えた情報の整備

雪害後に山梨県が防災情報システムをつくりました。市役所で避難所開設の情報などをパソコンに入力すると県に伝わり、テレビなどのニュースで流せるしくみです。

気象や道路、鉄道の情報は防災担当者がパソコンで確認するほか、関係機関から直接電話で情報をもらうこともあります。得られた情報を整理して、市民に防災無線や市役所のWEBサイト、SNSなどで知らせます。

気象のチェックや災害情報の発信などにパソコンは欠かせない。

## 防災へのふだんの取り組み

市役所では市民に向けて、防災に関する出前講座を行っています。また、防災士※になるための講習もしており、地域で避難訓練があるときは防災士が先頭に立って活躍しています。

市役所の職員も毎年、防災訓練を行っています。そのほか、近隣の市町村から保健師などの専門の職員が集まる訓練もあります。そこでは知識を深めたり、情報交換をしたりして災害に備えています。

※防災士：防災の知識と技能をもつことを証明する資格。試験や講習を受けて取ることができる。

医療救護所の設置訓練を、近隣の市町村が合同で実施。

大月市役所　総務部
総務管理課　課長
天野 工さんのお話

### 自分の身は自分で守る

雪害当時に防災担当として現場で指揮をとりました。市民のみなさんの理解があり、自助や共助の力が育っていると感じました。市民に助けられたことも多かったため、市長が広報誌でお礼を伝えました。

災害のときの危険性は人それぞれでちがいます。いつも通る道や通学路などを注意して見てみてください。同じ道を歩くにも、防災の意識の持ち方で気をつけるポイントが変わってきます。学校で災害にあうこともありますから、家族とは避難先や連絡方法を話しておきましょう。ほかの地域の災害のニュースを見ることも勉強になりますね。

# 大月市消防団

全国の市区町村には消防団があり、火事や災害などが起こると現場にかけつけ、住民の安全を守る活動をしています。豪雪災害のとき、大月市の消防団の人々はどのような活動をしたのでしょうか。

患者を搬送する、はっぴを着た消防団員。救急車が入れない雪道は、車いすやたんかを使って人の手で送り届けた。

## 1 雪害でも活躍した大月市消防団

大月市には839人の消防団員がいます（2019年10月1日現在）。市内には８つの消防分団があり、分団はさらに地区ごとの部に分かれていて、団員はそれぞれの地区で活動をしています。

消防団は消火活動だけでなく、行方不明者の捜索、雪かき、川の増水時に土のうを積むといった活動もしています。2014年（平成26年）２月の大雪では、市内の各地で消防団員がふだんとはちがう活動をしました。

**キーワード**

**消防団**

消防組織法という法律によって、すべての市町村に設置されている消防組織。活動する消防団員は、ほかに本業を持っていて、火災や災害が起こると職場や自宅からかけつけて活動を行う。団員は地域のことをよく知っていて、近くの職場から、すばやく現場にかけつけることができるといった利点がある。

## 市の消防機関と消防団のつながり

大月市消防団は、大月市消防本部、消防署と協力しあいながら活動をしています。それぞれの特徴やつながりをみてみましょう。

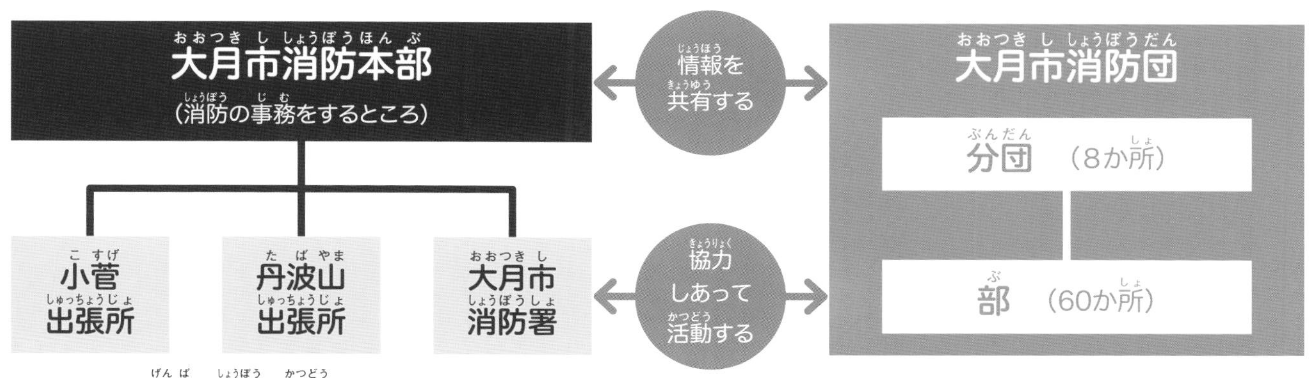


| 消防本部・消防署 | | 消防団 |
|---|---|---|
| ●つねに出動態勢を整えている消防機関。 | 特徴 | ●非常時に出動する消防機関。 |
| ●市役所が行う消防職員の採用試験に合格した人が、消防士として働く。 | 働き方 | ●それぞれの団員が本業を持ちながら、消防団としての活動も行う。 |
| ●大きな消防車や機材がある。<br>●消火や救助の最前線で活動する。 | 設備や活動内容 | ●小回りのきく消防車がある。<br>●地域での経験を生かした消防や救助の活動をする。 |

## 雪害のときの消防団員の活動

飲食店を営んでいた大月市消防団第３分団の渡辺謙太郎さんは、目の前の道路で動けなくなった車の人々に食べ物を提供し、小さな子が休憩できるよう、店を開放しました。

同じく第３分団の佐藤久司さんは、除雪や炊き出しのほか、立ち往生したトラックに積んだケーキを避難者や地域の人に配る活動もしました。市内各地にいる消防団員は、まずは自分の身のまわりでできることを探し、活動したのです。

雪にうまってしまった国道 139 号。正面に見えるのは岩殿山。

## 病気の人の命を守る活動

大月市消防署から大月市消防団第２分団に緊急の連絡が入りました。雪のために救急車が住宅地に入れないので、患者を救急車の待機場所まで送り届けてほしいというものです。患者は透析という治療をしていて、数日に一度は病院に行かないと、命に危険がおよびます。消防団員は雪かきをしながら患者の家に行き、たんかや車いすで移動を手伝いました。

通常、たんかで人を運ぶ距離は長くて 100 mほどですが、この雪害では２km におよんだ場合もありました。

雪でうまって車が通行できなくなった道路。このような道を、消防団員は雪をかき分けながら患者のいる家に向かった。

## いつでも火事や災害の備えを

道路の雪かきが進み、患者の搬送が一段落すると、次に第２分団が取り組んだのは防火水槽の雪かきと点検でした。火災や災害はいつ起こるかわかりません。いつでも消火活動ができるように準備します。

夜に防火水槽のふたがこおって開かなくなるのを防ごうと、昼間のうちに手分けして雪を片づけました。

雪にうもれた防火水槽。すぐに使えるように整備をした。

大月市消防団　第2分団
分団長(雪害当時)
今泉 勲さんのお話

### 力を合わせて乗り越えた

2014 年（平成 26 年）の豪雪のときは、勤務している運送会社にいましたが、消防団の活動をするために、雪の中を６時間半かけて徒歩で帰宅しました。直後に消防署長から電話があり、背後に聞こえる音や声から、消防署が緊急事態であることが伝わってきました。そこで、すぐに分団の部長たちと連絡を取り、団員を集めました。

ふだんの消火や防災の活動とはまったくちがいましたが、できることを考えながら、団員同士で力を合わせて活動しました。

# 消防団のふだんの活動

消防団の活動の拠点を「詰所」といい、消防車や用具類が保管されています。「大月市はとても広く、消防署から災害の現場まで時間がかかる場所もあります。消防団のほうが先にかけつけて活動していることも多いです」と大月市消防本部の山田一博さんは話します。

消防団では春と秋の全国火災予防運動のときは、消防車でパレードをします。火災の多い12月から翌年２月までは夜間に地域を巡回して、注意をうながします。

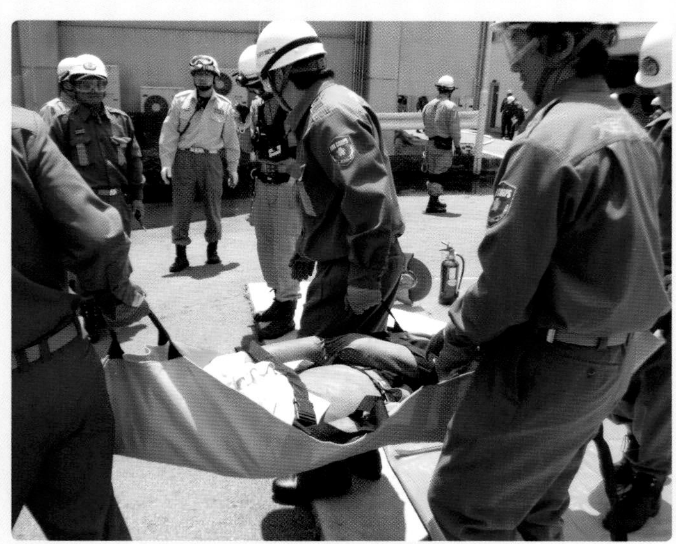

消防団員の技術を向上させるための搬送訓練。

地域の防災訓練で、まちの人たちに放水の方法を教える消防団員。

## 消防団員が出動するまで

1. 市民からの通報が消防本部に入る。
2. 消防本部から消防団の分団長に電話。分団長から部長、団員の流れで連絡が入る。
3. 消防団員が詰所に集合する。火災の場合は３人、除雪の場合はふたり以上集まらないと出動できない。

4. 消防車に乗りこみ、出動。活動に必要な用具などはつねに準備されている。

消防団は防災の活動もします。台風の予報が出たときは、詰所に待機です。※ 災害の危険をいち早く察知して、消防本部に伝えることもあります。地域の人やまちの地形などをよく知っていることが、非常時の活動に役立ちます。

大月市消防団　第3分団
分団長　小宮俊次さん

# JR大月駅

大月駅やその周辺では、かつてない大雪が降ったことで電車が何日も動けなくなり、駅や車内に乗客が取り残されました。大月駅をはじめ JR 東日本ではどんな対応をしたのでしょうか。

特急列車の車両を使って線路の除雪をしているようす。列車の先頭で線路上の雪をおし出し、前方に雪がたまるたびに JR 東日本の社員が雪をどかす作業をくり返しながら、じりじりと進んだ。

## 大雪による不通に立ち向かう

大月駅は JR 東日本の中央本線の駅で、富士急行の鉄道も乗り入れています。首都圏から走る特急が停車し、山梨県内では甲府駅に次いで乗降客の多い駅です。

2014 年（平成 26 年）2 月、かつてない大雪が降り、人の行き来はもちろん、食料や燃料などの輸送も止まり、山梨県全体が孤立する状況になりました。雪で電車も立ち往生してしまいます。人と物資を運ぶ鉄道の役割を果たすため、社員たちは力を合わせて豪雪に立ち向かいました。

**キーワード**

### 鉄道の除雪

雪が積もると線路自体や線路の方向を切りかえる「転てつ器（ポイント）」に雪がはさまり、切りかわらなくなったり、架線[※1]が切断されたりしてダイヤが乱れる。通常は線路や転てつ器がこおらないように電気で温め、除雪車で雪をどかすが、人の手でお湯をかけて回り、雪かきしたり、架線やパンタグラフ[※2]に積もった雪を落としたりもする。

※１架線：線路の上にはられた電線。
※２パンタグラフ：電車に電気を取り入れる集電装置。

## 豪雪時の中央本線各駅の状況

14日の午前から降り始めた雪で、線路の方向を切りかえる転てつ器が動かなくなる「ポイント不転換」などの障害が次々に発生。降り続ける雪で、23時すぎには高尾駅と小淵沢駅の間で運転を見合わせることになりました。

### 2014年（平成26年）2月14〜15日　JR中央本線で起こったトラブル

小淵沢駅 ≀ 甲府駅　酒折駅 ≀ 大月駅 ≀ 四方津駅　上野原駅　藤野駅　相模湖駅　高尾駅

❶ 14日13：08ごろ　竹がたおれる（上野原駅〜藤野駅間）

❷ 14日16：27ごろ　ポイント不転換発生（四方津駅）

❸ 14日20：19ごろ　ポイント不転換発生（大月駅）

❹ 14日23：05ごろ　架線切断発生（相模湖駅）

❺ 15日02：03ごろ　架線切断発生（大月駅）

❻ 15日07：35ごろ　架線切断発生（酒折駅）

## 大雪への対応

JR東日本では当時、大雪注意報や警報で10㎝以上の積雪が予想される場合は、電車の本数を減らして運転するなどの対応を決めていました。

ところが、このときは予想以上の大雪にトラブルが相次ぎ、あっという間に電車は立ち往生してしまいました。電車の中に取り残された乗客をバスで運ぼうとしても、すでに東京と山梨を結ぶ国道20号は通行止めです。

八王子支社は、すぐに対策会議を開きました。そして、自治体、警察、消防と連絡をとり、電車の状況をチェックしながら、パンタグラフや線路などの除雪を行いました。

駅構内の線路に降った雪はホームの高さまで積もり、電車がうもれた。

大月駅を管轄するJR東日本八王子支社で対策会議が開かれているようす（写真は訓練時のもの）。

## 帰宅困難者のための支援活動

丸一日たった2月16日の朝になってもJR大月駅に止まった車両には約150人、富士急行の車両には約130人が残っていました。駅員は列車内で宿泊できるように乗客に毛布や食料を配り、車内に暖房を入れ続けました。

近隣の宿泊施設は、帰宅困難者の受け入れや休憩場所の提供に協力しました。また、近所の人たちが炊き出しをして温かい食べ物を配りました。

降り続いた雪でどこが線路なのかもわからない。機械の故障も相次いだ。

## 関係機関に支援・協力を依頼

雪害への対応はJR東日本社員だけではとても間に合いません。そこでJR東日本のグループ会社などに除雪車や物資の手配を頼みました。

大月市内でバスの運行をしている富士急行には臨時バスの手配をしてもらい、警察や消防とは情報を共有して、事故がないように備えました。大月市役所は避難所を開設して、帰宅困難者を受け入れました。

電車の屋根の上で架線の点検をしているようす。

## 手作業で雪かきを続けた社員たち

列車を走らせるために社員たちは夜をてっして雪かきをしました。除雪車が足りないため、貨物機関車を動かして先頭車両の下のスノーブロウ（除雪板）で雪をかき分けて進みます。さらに特急列車の車両を動かし、前に雪がたまると社員が列車から降りて、手作業で雪かきをするということをくり返しました。やがて除雪車が運びこまれ、一気に線路の除雪が進みました。そして、運転見合わせから3日目、やっと一部区間の運転を再開することができたのです。

JR東日本八王子支社管内で雪かきをした人は、のべ1200人になった。

## 雪害の経験から見直した備え

JR東日本八王子支社では今回の雪害での経験を生かそうと、これまでの対策を見直しました。まずは燃料の備蓄です。転てつ器がこおらないようにする機器を動かすために必要です。タイヤチェーンやスコップ、除雪棒などの除雪道具も整備しました。さらに、雪の重みで枝や木が折れて線路にたおれると電車の運行に影響が出るため、線路脇の木を切りました。雪の季節を前に、これらの雪害対策を確実に行い、備えを万全にしています。

雪による倒木を避けるために線路脇の木を切った。

## マニュアルの整備と除雪の訓練

さらなる取り組みとして、30cm以上の積雪が予想される場合の体制を雪害対策マニュアルに新たに加えました。また、関係機関との連絡体制を強化して、積雪情報を集め、運休とする場合は情報をなるべく早く発表できるようにしました。早めに運休がわかれば、外出をひかえる人が増え、駅に取り残される人を減らせます。

さらに、現場で対応する社員は除雪作業の訓練を受けることにしました。

冬季期間中は、線路上の雪をどかす除雪機械「MCR（モーターカー・ロータリー）」を初狩駅、酒折駅、小淵沢駅の3駅の構内に配備している。

JR東日本八王子支社
総務部安全企画室担当課長
鈴木良雄さんのお話

### 経験を次に生かすことが大切

私は、鉄道の安全にかかわる仕事をしています。2014年（平成26年）の雪害時は除雪のために特急車両を走らせる責任者でした。何日も列車の運転ができず、人も物資も運べませんでした。そのような経験を生かして準備や訓練を行い、安全にくわしい人をひとりでも増やすために、自分の経験を社員に伝えています。人間は忘れたり、失敗したりしますが、その経験を次に生かすことが大切だと思っているからです。雪が積もると地面は滑りやすくなります。電車の乗り降りや駅の階段、ホームなどでは転ばないようにゆっくり歩きましょう。

## 人々を守る活動４

# 災害ボランティアセンター

災害が起こったとき、市区町村などの社会福祉協議会では「災害ボランティアセンター」を開設、運営します。災害で困っている人とボランティア活動をする人をどのようにして支援するのでしょうか。

大月市初狩町藤沢地区で、雪が積もって孤立してしまった民家からの要請で、雪かきをするボランティア。

## 地域をこえてつながり、助け合う

2014年（平成26年）２月に大雪が降り、積もった雪のために道路が通れなくなり、家から出られない人がいました。災害ボランティアセンターが開設されると、大月市内だけでなく、県外からも多くのボランティアがかけつけ、雪かきの活動をしました。

災害ボランティアセンターを開いてから閉じるまでの14日間、大月市内で活動したボランティアは400人以上となりました。

**キーワード**

**災害ボランティアセンター**

全国の市区町村には社会福祉協議会という組織があり、その中に「ボランティアセンター」が設置されている。ふだんは、困っている人や助けを必要とする人にボランティアの紹介をしている。災害時は、期間を限定した「災害ボランティアセンター」を開き、ボランティアを受け入れ、助けを必要としている人の下へ送り出し、活動を支援する。

## 3 災害ボランティアセンターの活動

大月市内に大雪が積もった２日後、市役所に設置された災害対策本部から「災害ボランティアセンターを開設してほしい」という連絡が社会福祉協議会に入りました。待機していた職員がすぐに準備にかかります。

大月青年会議所※の人たちも協力し、災害ボランティアセンターの活動が始まりました。SNS でセンターの開設とボランティアの募集を発信したところ、続々と人が集まってきました。

### 開設準備

災害ボランティアセンターの開設準備。来た人がわかりやすいように看板をつくる。

開設準備完了。床にシートをしき、受付や用具貸出コーナーもつくった。

### 受付開始

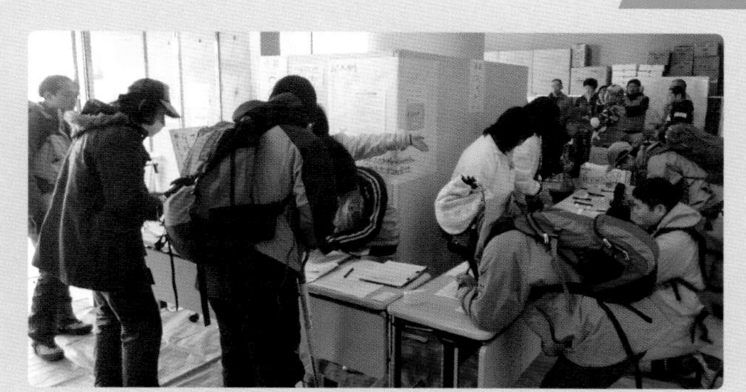

ボランティアは受付で、名前や住所などを登録する。

ボランティアを担当地区ごとにふり分けて仕事の説明する。

### ニーズ班

救助が必要な市民から要望を聞く「ニーズ班」。電話受付をしているのは大学生ボランティア。

### 資材班

雪かきに使用するスコップや安全のためのヘルメットを整備するのが「資材班」。ボランティアの中には用具も持ってくる人や除雪機をトラックに積んでかけつけた人もいた。

※青年会議所＝ 20 歳から 40 歳までの人が、地域に貢献する活動をしている団体。

ＪＲ大月駅周辺の雪かきボランティア。

住宅のまわりの雪かきボランティア。

## ボランティア活動後の報告

ボランティア活動をした後は必ず報告をしてもらいます。どこでだれが何をしたか、雪かきはどこまで終わったか、何を片づけたのかなど、きちんと報告して記録することが次の活動につながるからです。

大雪と格闘したボランティアの人たちを待っていたのは、センターの人がつくった大月名物の「おつけだんご」でした。そぼくなおいしさに、笑顔があふれました。

活動の後の食事は最高においしい。おつけだんごで心も体も温かくなる。

## 避難所でのボランティア活動

災害ボランティアセンターが設置された大月市総合福祉センターの４、５階は避難所にもなりました。国道で車が動けなくなってしまった人々が避難してきます。ここでは、近所の人が炊き出しをしました。

雪害が収まったころ、避難していた人が「避難所ではお世話になりました」と連絡をくれたり、お礼をかねて観光でふたたび訪れてくれたりしました。雪かき活動をした災害ボランティアからも「よい活動ができた。大雪が結んでくれた縁に感謝したい」と手紙がきました。

近所に住む人が自発的に食料を持って集まり、避難した人といっしょに炊き出しをした。

## 雪害後に取り組んだ備え

雪害を体験し、社会福祉協議会は災害ボランティアセンターの運営や注意事項が書かれたマニュアルの見直しをしました。今回の経験を書き込み、次の災害時に備えます。また、防災ボランティア講座を年に1回、2日間行うことにしました。この講座は毎回100人もの人が受講し、楽しみながら学んでいます。

雪害のときにかけつけたボランティアの中には、全国の被災地でボランティア活動をしている人もいました。そういった人とは今も連絡を取り合い、アドバイスをもらっています。

雪害や水害で床が浸水したときの、床板のはがしかたを専門職の人が教えてくれる。

## 備品を準備し、広報する大切さ

社会福祉協議会では、災害への対策は、ふだんからの準備が大切だと考えています。雪は広い範囲に降るので除雪には多くの人の助けが必要です。そこで雪かき用具や融雪剤の数を増やしました。また、雪害をきっかけに、ボランティアだとすぐにわかるビブスもつくりました。

困っている人への支援活動を広げるために、ボランティアの情報を知らせることも必要です。3ヶ月に1回発行する『社協だより』やWEBサイト、SNSなどで活動の状況を積極的に発信しています。

災害ボランティアが使用するビブス。ふだんは市内の運動会などでも活用している。

大月市社会福祉協議会
総務担当　主査
蔦木 豪さんのお話

### ふだんのつながりが災害時の力に

大雪のときはずっと社会福祉協議会の建物に泊まりこんで雪害に対応しました。災害ボランティアセンターでは多くのボランティアを受け入れ、活動を支援しました。

地域の人も協力してくれて、とてもありがたかったです。人々のつながりが大きな力になると感じることができました。

大月市では地域の防災訓練に小学生、中学生も参加します。防災訓練は自分の命を守ることであり、ボランティア活動にもつながります。

災害のとき、地域で助け合えるよう、ふだんから近所の人とあいさつを交わし、顔見知りになっておきましょう。

人々を守る活動５

# 猿橋小学校・富浜中学校

2014年（平成26年）２月の大雪では、児童や生徒が安全に登下校ができるよう、市内の小・中学校も対応に追われました。猿橋小学校での当時の状況や、雪害後の富浜中学校での防災学習のようすを見てみましょう。

大雪から１週間後に登校した児童たちは、学校の玄関付近の雪かきをした。

## 2週連続の大雪で休校が続く

猿橋小学校では、雪が降った日は朝早く天気予報を確認し、大雪が予想される場合には休校となります。大雪になると、道路が通行止めになり、登下校にバスを使う児童が学校に来られなくなるためです。また、雪道では想定外のことが起こる可能性があるので、子どもたちだけで登下校をするのが危険だということもあります。

2014年（平成26年）には２回の大雪となり、長期間、休校することになってしまいました。

**2014年（平成26年）2月、猿橋小学校の休校の状況**

| 日 | 月 | 火 | 水 | 木 | 金 | 土 |
|---|---|---|---|---|---|---|
| | | | | | | 1 |
| 2 | 3 | 4 | 5 | 6 | 7 積雪 | 8 積雪 |
| 9 | 10 休校 | 11 | 12 休校 | 13 | 14 積雪 | 15 積雪 |
| 16 | 17 休校→ | 18 → | 19 → | 20 → | 21 → | 22 |
| 23 | 24 | 25 | 26 | 27 | 28 | |

## 1回目の大雪、雪が降った1週間後に学校再開

2014年（平成26年）2月7日と8日に大雪が降りました。道路に雪が残り、バスで通学できない児童が多くいたため、猿橋小学校では10、12日が休校となりました。先生と保護者は通学路の雪かきに追われました。

翌13日にはバスが運行したので、バス通学の児童は登校することができました。通学路には雪かきをした雪が積まれて歩きにくく、徒歩通学の児童は1時間おそく登校しました。このとき、降雪から1週間がたっていました。

保護者の協力で、ブルドーザーを使って小学校の雪かきが行われた。

スクールバスが方向転換をする場所を確保するために、先生たちが雪かき作業をした。

先生たちは通学路の安全を考えて、歩道の雪かきもした。

## 2回目の大雪、全員を無事に帰宅させる

14日は午前中から雪が降り始めました。少しすると、雪が急に強くなってきたため、小学校では早めの下校を決めました。

保護者と連絡がとれた児童は下校しましたが、連絡がとれない児童は学校で待機することになりました。山道をひとりで歩かなければならない児童もいたので、先生がふたり1組となって家まで送りました。このようにして、全員が当日中に無事に帰宅することができました。

2回目の記録的な大雪で、学校は雪にうもれてしまった。

## 1週間の休校中も毎日雪かき

大雪のため、市内の小学校、中学校は一部をのぞいて、17日から21日まで休校になりました。

休校中、先生たちは毎朝出勤して校門から校舎までの通路や給食車の出入口、通学路の雪かきをしました。近所に住む児童もやって来て、先生たちを手伝いました。

休校期間中、児童は自宅学習をしながら家の雪かきや雪遊びをして過ごしました。そして24日、学校が再開され、先生や保護者が見守る中、登校しました。

先生たちは、休校中も毎日学校の周辺をスコップで雪かきした。

横断歩道の待機場所が雪でふさがれて危険なため、登校時、先生が安全のために見守りをした。

通学路の両脇に雪が積まれ、道がせまくなっていて危険なので、保護者がつきそって登校した。

## 小学校での雪害後の取り組み

猿橋小学校ではこの雪害を受けて、災害時に、保護者と確実に連絡をとるための仕組みを再確認しました。そして、電話や非常連絡のメールシステムに加え、ブログなど複数の方法で連絡がとれるようにしました。

大月市では、小学校へ入学するときに、ひとり1枚、毛布を持参し保管します。雪害などで学校に宿泊する場合に使えるようにするためです。大月市ではすべての小学校、中学校で毛布を保管しています。

さまざまな災害を想定して年1回行っている「引き渡し訓練」。保護者に児童を引き渡したことを記録に残すため、サインをしてもらう。

毛布は圧縮袋に入れて保管している。ほかに1日分の食料と水も備蓄。

## 富浜中学校での環境学習

富浜中学校[※1]では、雪害から約１年後の 2015 年１月に、１年生が「環境学習」を行いました。これは身近な環境を見直し、防災に役立てるための学習です。学年全員の前で発表を行ったり、専門家を学校にまねいて、災害について教えてもらったりしました。

### 学習成果発表会のテーマと流れ

| | |
|---|---|
| 1 | 全体説明　環境学習の取り組みについて |
| 2 | 防災調べ<br>グループに分かれて、さまざまな自然災害についての調べ学習をし、わかったことを発表した。 |
| 3 | 簡易トイレづくり体験<br>災害が起こったときにできることのひとつとして、簡易トイレをつくる体験をした。 |
| 4 | 煙体験<br>災害を体験する活動として、大月市消防署の人が校庭に建てたテントに煙を入れ、生徒はハンカチやマスクで口と鼻をおおって、その中に入った。 |
| 5 | 土砂災害立体ハザードマップ[※2]づくり<br>大月市のハザードマップを見ながら、山に見立てて切った発砲スチロールを地図の上に置き、土砂災害の危険がある地域を再確認した。 |
| 6 | まとめ　これからの心構えを学ぶ |

### 2　防災調べ

**防災調べでは、1年生の生徒たちがグループごとに自然災害について調べ、学年全員の前で発表しました。その内容を、少し見てみましょう。**

“グラっときたら身の安全”、“出口の確保”、“門や塀には近づかない”などに気をつけて行動するとよいと思います。

私たちも昨年、雪害を体験しました。学校が休みになったり、食料不足になったりして大変でした。大雪が降る前に準備をし、自分にできることをしましょう。

家族で防災会議を開き、集合場所や連絡方法を決めておきましょう。

※１ 富浜中学校は現在、猿橋中学校に統合されている。※２ ハザードマップ：災害の危険がある場所を記した地図。

## 雪害のときの災害ボランティアについて知る

環境学習のひとつとして、大月市社会福祉協議会の藤本美和子さんを招き、２回にわたって指導をしてもらいました。１回目は災害ボランティア活動の話を聞き、雪害の経験を忘れないためのビデオを見ました。予想をこえる大雪のとき、人々はどんな活動をしたのか、今後はどう雪害に備えたらよいかをみんなで考えました。

２回目は３人１組でチームをつくり、災害時の簡易トイレづくりを体験しました。安心して座れるように便座を強くすること、座りやすい高さにすること、感染症とにおい対策でビニールを二重にすることなどを学びました。ある生徒は「災害時に使えるトイレがあることがどれだけ大切かわかった」と話しました。

段ボール、ビニールぶくろ、新聞紙、タオル、ガムテープなど、身近なものを組み合わせてトイレをつくった。40 分かかったが、チームごとにさまざまな工夫をした。

# 雪害に備える

大雪が降ることは防げませんが、しっかりと備えることで、被害を小さくすることはできます。「自助」「共助」「公助」の役割を見てみましょう。

**自助** 自分の命は自分で守ること

**共助** 家族や学校、地域の人と力を合わせること「自分たちのまちは自分たちで守る」

**公助** 市区町村などの公的機関が災害への対策を立てたり、人々の活動を支援したりすること

## ふだんからできる雪害への備え

### 自助

#### 雪かき用の道具を用意する

ドアの前に雪が積もり外に出られない、車庫の屋根が雪でつぶれるなどの災害は、こまめな雪かきで防ぐことができる。

#### 備蓄品を用意する

→26ページ

大雪で外出できない、流通が止まったというときに備えて、水、食料、灯油などの燃料を備蓄する。薬を飲んでいる人は切らさないようにする。

### 共助

#### 地域の防災訓練に参加する

→15ページ

地域の防災訓練に参加し、防災に関する知識をもつ。また、近所の人たちと顔見知りになっておけば、災害時に助け合うことができる。

#### 地域の人とあいさつをする

→23ページ

ふだんから地域の人とあいさつをして顔見知りになっておけば、声をかけあって雪かきのお手伝いなどをすることができる。

### 公助

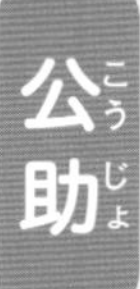


#### 大雪からまちを守る設備を整える

→10ページ

市区町村は除雪車やロードヒーティング※の設置、雪崩を防止するための森林の整備、雪かき後の雪を捨てる場所の確保などをする。

#### ハザードマップを作成、配布する

市区町村は、雪害が起こりやすい場所、避難所の情報などがわかるハザードマップをつくり、住民に配布する。

※ロードヒーティング：道路の凍結防止のために路面の温度を上げる設備。

# 大雪が降ったときにできること・行うこと

## 自助　外出しない

大雪で登校するのが危険と判断された場合、学校は休校になる。どうしても必要な用事があるとき以外は外出しない。

## 自助　雪かきをする

→24ページ

雪の重みで屋根がこわれたり、高く積もった雪でドアが開かなくなったりするのを防ぐために、こまめに雪かきをする。

## 自助　正しい情報を得る

→24ページ

正しい気象情報や災害情報を得る。雪の予報が出ると、電車やバスが早めに運休となることがあるので、外出のときも情報に注意する。

## 共助　助けが必要な人を手伝う

高齢者や障がい者など支援が必要な人の家の雪かきは地域で協力して行う。安全にできそうなことがあれば、協力する。

## 共助　避難所の活動に参加する

→22ページ

家にいるのが危険なら、地域の避難所に行く。避難所では寝る場所をつくる、年下の子の相手をするなど、できることはすすんで行う。

## 公助　救助や復旧、調査活動をする

→8ページ

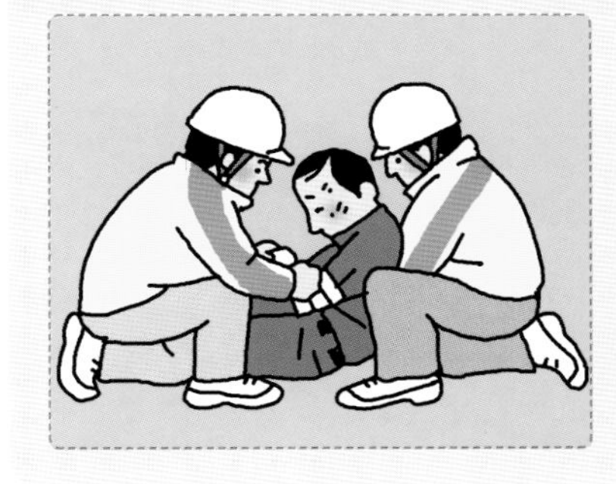

消防、警察、自衛隊などが人命救助にあたる。天候が回復したあとは、公的機関と企業、ボランティアなどが協力して復旧作業をする。

## 公助　情報を発信する

→11ページ

市区町村は、気象庁の予報や発表を確認し、大雪に備える。必要に応じて避難所や交通の情報、災害の危険を伝える。

## 公助　共助の支援をする

→20ページ

市区町村は、自主防災組織の雪かきに機材を貸し出す、雪かきボランティアの受け入れをするなど、共助の支援をする。

※「共助」を、医療、年金、介護など公的な制度によるものとし、ボランティアや住民同士の支え合いを「互助」と分けていう場合があります。

# 防災活動ワークシートの使い方

## 防災活動ワークシート

28～29ページの「ふだんからできる雪害への備え」「災害が起こったときにできること・行うこと」のうち、できたことにはチェックを入れましょう。ほかにもできることや、やったことを空欄に書きこみましょう。

### ≫ふだんからできる雪害への備え

28ページの「ふだんからできる雪害への備え」を見て、できた項目にチェックを入れよう。

できたことに✓を入れましょう。

- □ 自助 雪かき用の道具を用意する
- □ 自助 備蓄品を用意する
- □ 共助 地域の防災訓練に参加する
- □ 共助 地域の人とあいさつをする

上の項目でしたことのまとめや、そのほかに「雪害への備え」のためにしたことを書いてみよう。

【やったこと】備蓄品をチェックした。

・雪害は家から出られなくなる期間が長くなるかもしれないので
　1週間は過ごせるように準備する。

・4人家族なので、1日3食×4人分×7日分を用意することにする。

・電気が止まったらエアコンやファンヒーターが使えなくなるので、
　灯油ストーブが必要。灯油も必要。

・弟はまだオムツをしているので、
　オムツを切らさないように気をつける。

防災活動への取り組みを確認するために、裏表紙の裏側にある「防災活動ワークシート」を使ってみましょう。28～29ページの「ふだんからできる雪害への備え」「大雪が降ったときにできること・行うこと」のうち、できたこと、理解できたことにチェックを入れましょう。ほかにもできることや、調べたことを空欄に書きこんでみましょう。

このQRコードを読み取ってWEBサイトに行くと、「防災活動ワークシート」がダウンロードできます。

https://www.kosaidoakatsuki.jp/archives/booktype/ehon-shop-library-school

| 記入日 | | | 学校名 | | | 名前 |
|---|---|---|---|---|---|---|
| 年 | 月 | 日 | | 年 | 組 | |

記入した日と学校名、学年、クラス、名前を書こう。

## 大雪が降ったときにできること・行うこと

学習して理解できたことに✓を入れましょう。

- [ ] 自助 外出しない
- [ ] 自助 雪かきをする
- [ ] 自助 正しい情報を得る
- [ ] 共助 助けが必要な人を手伝う
- [ ] 共助 避難所の活動に参加する

29ページの「大雪が降ったときにできること・行うこと」を見て、学習して理解できた項目にチェックを入れよう。

【やったこと】大雪の予報が出たときに、パソコンを使って情報を調べた。

・気象庁と市のWEBサイトで防災情報を見た。
「風雪、高波に注意してください」と注意報が出ていた。

・鉄道会社のWEBサイトで運休などの情報を調べた。
運休の予定はなかったが、
災害でWEBサイトが見られないときのためのTwitterの案内が出ていた。

・社会福祉協議会のWEBサイトで、災害ボランティアの情報を見た。
「災害ボランティアの受け入れ等に関しては、決まり次第ご案内します」となっていた。

大雪が降ったときのために、事前に調べて、学んだことなどを書いてみよう。

わたしたちにできること⑤

# 気象や災害の情報を調べる

自然災害が発生しそうなとき、発生したときには、さまざまな情報が発表されます。
正しい情報を得て、理解し、避難行動の判断に役立てましょう。

## 情報の調べ方

国や市区町村はできるだけ多くの人に必要な情報を届けるために、さまざまな方法で情報を発信しています。

### 防災行政無線

防災などの情報が、まちの中に設置されたスピーカーをから流れる。住民に一斉に知らせることができる。

### メール

あらかじめメールアドレスを登録しておくことで、情報を携帯電話やスマーフォンで受け取ることができる。

### テレビ

災害が発生すると、速報が入るほか、気象情報はデータ放送でいつでも見ることができる。

### ラジオ

情報を音声で聞くことができる。乾電池や手回し充電のラジオなら、停電のときも情報を得ることができる。

### インターネット

国の機関や市区町村のWEBサイト、防災アプリなどで、最新情報を得ることができる。

## 地震・津波の情報

地震が発生すると、気象庁から次のような流れで情報が発表されます。

**地震発生** → **❶緊急地震速報** → **❷震度速報** → **❸津波警報** →

❶緊急地震速報：地震の強いゆれをすばやく知らせる。テレビやラジオ、携帯電話などのアラームが鳴る。

❷震度速報：地震発生から約１分半後に、震度３以上を観測した地域が発表される。

❸津波警報：地震発生から約３分をめやすに、津波が予想される地域と津波の高さが発表される。

→ **❹津波到達予想時刻の情報** → **❺津波観測に関する情報** →

❹津波到達予想時刻の情報：津波がもっとも早く到達した場合の「津波到達予想時刻」が発表される。

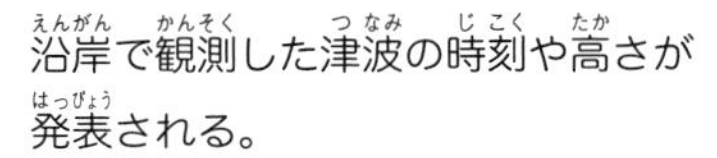

❺津波観測に関する情報：沿岸で観測した津波の時刻や高さが発表される。

津波情報

## 火山の情報

火山はつねに監視されていて、変化があればすぐに気象庁から情報が発信されます。

**噴火予報** → **噴火警報（火口周辺）** → **噴火警報（居住地域）** → **噴火速報**

噴火予報：おだやかな活火山が、火山灰などを出す可能性のある動きを見せた場合に発表する。噴火警報ほどの緊急性がないときに発表される。

噴火警報（火口周辺）：噴火によって大きな噴石、火砕流などが予想されるときに出される警告。警戒が必要な範囲が、火口周辺に限られる場合に発表される。

噴火警報（居住地域）：火山の噴火の危険度が、とても高い状態であることを知らせる警報。警戒が必要な範囲が、人が住んでいる地域にまでおよぶ場合に発表される。

噴火速報：火山が噴火したとき、登山者や火山のまわりの住民に噴火をいち早く伝えて身を守る行動をとってもらうために発表される。緊急性の高い情報。

## 台風・気象情報

台風に発達するおそれがある熱帯低気圧が発生してから台風が日本を通り過ぎるまで、気象庁が情報を発信し続ける。パソコンやスマートフォンで、情報をチェックしてみましょう。

### 台風経路図

台風の位置と強さ、5日先までの移動の予報、風の強い範囲を地図上に示し、注意をうながすもの。

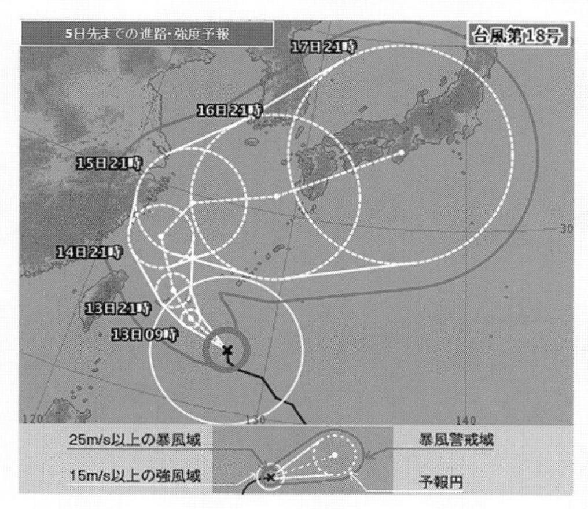


### 暴風域に入る確率の分布図

5日先までの暴風域（風速25m／秒）に入る確率を色で表示し、注意を呼びかけるもの。

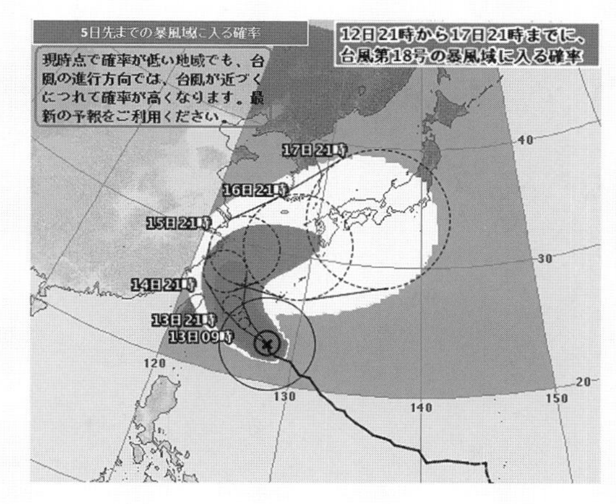


### 早期天候情報

2週間先までに、いちじるしい高温や低温、降雪が予想されるとき、地域ごとに早期天候情報を発表して、注意を呼びかけるもの。早めに準備をすることができる。

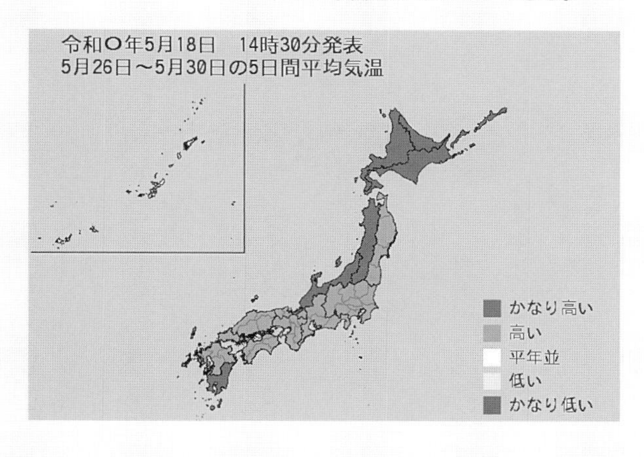


### 危険度分布

大雨警報が出たときや、強い雨が降ってきたときに、気象庁の「危険度分布」のWEBサイトを見れば、土砂災害や浸水、洪水の危険度がどのくらい高まっているかを確認できる。

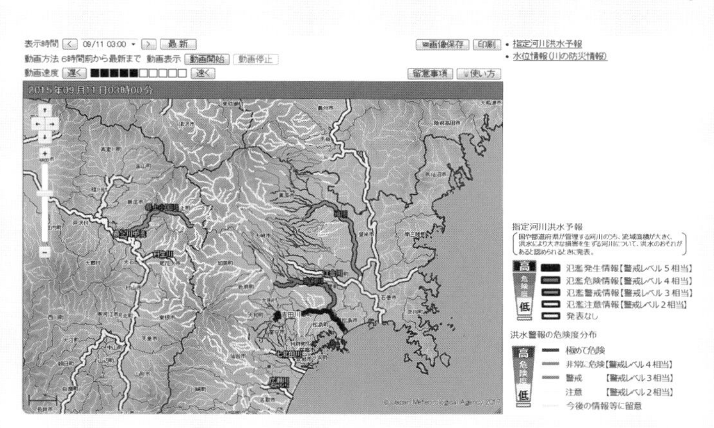

## 知っておきたい風と雨の表現

気象庁が発表する情報の中で「非常に強い風」「はげしい雨」などと表現されるのはどのような状況なのかをまとめました。

| 気象庁の表現 | 風のようす |
|---|---|
| やや強い風(10～15m／秒) | 風に向かって歩きにくい。<br>傘がさせない。 |
| 強い風(15～20m／秒) | 転倒する人が出る。<br>高所での作業はきわめて危険。 |
| 非常に強い風(20～30m／秒) | 何かにつかまっていないと立っていられない。<br>飛んで来たものでケガをするおそれがある。 |
| 猛烈な風(50～80m／秒) | 屋外での行動はきわめて危険。 |

| 気象庁の表現 | 雨のようす |
|---|---|
| やや強い雨(10～20㎜／時間) | ザーザーと降り、一面に水たまりができる。 |
| 強い雨(20～30㎜／時間) | どしゃ降りで傘をさしていてもぬれる。 |
| はげしい雨(30～50㎜／時間) | バケツをひっくりかえしたように降り、道路が川のようになる。 |
| 非常にはげしい雨(50～80㎜／時間) | 滝のように降る。水しぶきで視界が悪くなる。 |
| 猛烈な雨(80㎜以上／時間) | 息苦しくなるような圧迫感がある。恐怖を感じる。 |

# さくいん

## あ



## か



## さ

## た



## な



## は



## ま



## や



## ら

**監修　片田敏孝**　東京大学大学院情報学環特任教授　日本災害情報学会会長

内閣府中央防災会議「災害時の避難に関する専門調査会」委員
文部科学省「科学技術・学術審議会」専門委員
総務省消防庁「消防審議会」委員
国土交通省「水害ハザードマップ検討委員会」委員長
気象庁「気象業務の評価に関する懇談会」委員 などを歴任
主な著書
『人が死なない防災』（集英社新書）
『3.11 釜石からの教訓　命を守る教育』（PHP 研究所）
『子どもたちに「生き抜く力」を　～釜石の事例に学ぶ津波防災教育～』（フレーベル館）
『みんなを守るいのちの授業　～大つなみと釜石の子どもたち～』（NHK 出版）

| | |
|---|---|
| 企画・編集 | オフィス 303（常松心平、中根会美）、石川実恵子 |
| 撮影 | 平井伸造 |
| 装丁・本文デザイン | 倉科明敏（T. デザイン室） |
| 執筆 | 山本美佳（p8 ～ 11、16 ～ 27）、石川実恵子（p12 ～ 15、32 ～ 33） |
| イラスト | 山口正児 |
| 協力 | 大月市、大月市消防本部、大月市消防団、東日本旅客鉄道株式会社 八王子支社、社会福祉法人 大月市社会福祉協議会、大月市立猿橋小学校、大月市立猿橋中学校、野尻正人、坂下敦子 |

★掲載順、敬称略。

**自然災害から人々を守る活動 5　雪害**

2020 年 3 月 30 日　第 1 刷発行

監　修　片田敏孝
発行所　廣済堂あかつき株式会社
〒 176-0021 東京都練馬区貫井 4-1-11
TEL 03-3825-9188（代表）　FAX 03-3825-9187
https://www.kosaidoakatsuki.jp/
印刷・製本　株式会社廣済堂


NDC 369.3　36p　29×23cm　ISBN978-4-86702-027-2